1 PFANNE 50 REZEPTE

Einfach, schnell & lecker

Autorin: Cornelia Schinharl | Fotos: Jana Liebenstein

DIE GU-QUALITÄTS-GARANTIE

Wir möchten Ihnen mit den Informationen und Anregungen in diesem Buch das Leben erleichtern und Sie inspirieren, Neues auszuprobieren. Bei jedem unserer Bücher achten wir auf Aktualität und stellen höchste Ansprüche an Inhalt, Optik und Ausstattung. Alle Rezepte und Informationen werden von unseren Autoren gewissenhaft erstellt und von unseren Redakteuren sorgfältig ausgewählt und mehrfach geprüft. Deshalb bieten wir Ihnen eine 100 %ige Qualitätsgarantie.

Darauf können Sie sich verlassen:
Wir legen Wert darauf, dass unsere Kochbücher zuverlässig und inspirierend zugleich sind.
Wir garantieren:

- dreifach getestete Rezepte
- sicheres Gelingen durch Schritt-für-Schritt-Anleitungen und viele nützliche Tipps
- eine authentische Rezept-Fotografie

Wir möchten für Sie immer besser werden:
Sollten wir mit diesem Buch Ihre Erwartungen nicht erfüllen, lassen Sie es uns bitte wissen! Wir tauschen Ihr Buch jederzeit gegen ein gleichwertiges zum gleichen oder ähnlichen Thema um. Nehmen Sie einfach Kontakt zu unserem Leserservice auf. Die Kontaktdaten unseres Leserservice finden Sie am Ende dieses Buches.

GRÄFE UND UNZER VERLAG
Der erste Ratgeberverlag – seit 1722.

KV

INHALT

TIPPS UND EXTRAS

Umschlagklappe vorne:
5 × feine Eierspeise

4 Eine Pfanne für alle Fälle
64 Darf's was Süßes sein?

Umschlagklappe hinten:
Noch was dazu?
Know-how rund um die Pfanne

6 KARTOFFELN, NUDELN & GEMÜSE

7 Spargel-Quark-Schmarrn
8 Pfannen-Niçoise
10 Bratkartoffel-Kraut-Pfanne
11 Bratkartoffel-Blutwurst-Pfanne
12 Kartoffel-Paprika-Tortilla
14 Salbei-Tomaten-Gnocchi
14 Kürbis-Gnocchi mit Ricotta
15 Schupfnudel-Pilz-Pfanne
15 Pfannenspätzle mit Käse
16 Reisnudel-Kohl-Pfanne mit Garnelen
18 Nudelpfanne sizilianisch
19 Zucchini-Zitronen-Risotto

20 Bulgurpfanne mit Schinken
21 Gemüsepolenta mit Käse
22 Bunte Gemüsepfanne mit Knusperbrot
24 Brezengröstl mit Wurzelgemüse
25 Gebratener Couscous mit Gemüse
26 Kürbis-Kartoffel-Rösti

28 EIER, TOFU & HÜLSENFRÜCHTE

29 Eier in scharfer Tomatensauce
30 Kräuter-Käse-Frittata
32 Tofu-Gemüse-Curry
33 Linsen-Rosenkohl-Pfanne
34 Tofupfanne mit Koriandertomaten
36 Kichererbsenpfanne mit Lamm
37 Bohnen-Chili-Pfanne

38 FLEISCH & FISCH

39 Wurst-Auberginen-Pfanne
40 Paella mit Huhn und Garnelen
42 Paprika-Hackbällchen-Pfanne → COVER-REZEPT
44 Schnelles Szegediner
45 Kalbfleisch-Gemüse-Pfanne
46 Rinderragout mit Orange
48 Nudelpfanne mit Lammhack
49 Pfannen-Carbonara
50 Coq au cidre
52 Hähnchencurry mit Zuckerschoten
53 Schweinefleisch-Gemüse-Pfanne
54 Fischpfanne mit buntem Gemüse
56 Borschtsch-Pfanne mit Fischfilet
57 Zander-Gurken-Pfanne
58 Tintenfischpfanne mit Knoblauchbrot

60 Register
62 Impressum

Das grüne Blatt bei den Rezepten heißt fleischloser Genuss:
Mit diesem Symbol sind alle vegetarischen Gerichte gekennzeichnet.

EINE FÜR ALLE FÄLLE

Das Beste an der Pfanne: Sie kann eigentlich alles. Damit das auch tatsächlich so ist, muss sie vor allem gut sein. Dann hat man sie nämlich lange und vor allem lange gern.

AUF EINEN BLICK

Etwa 24 cm Durchmesser sollte der Boden der Pfanne haben, dann ist sie perfekt, um Hauptspeisen für zwei Personen darin zuzubereiten. Wenn ihr Stiel ofentauglich ist, dann kommt man im Prinzip mit einer einzigen Pfanne aus. Als Allrounder empfehle ich eine aus Gusseisen. Ich habe auch noch ein kleines Pfännchen zum Nüsse rösten. Und als dritte im Bunde findet sich in meiner Küche eine mit Deckel und einem etwas höheren Rand. Darin kann ich auch ein Ragout schmoren.

DAS MATERIAL

Hier gibt es große Unterschiede: Ein Material leitet die Hitze besonders gut, das andere speichert sie lang. Eins ist leicht, das andere ziemlich schwer. Manche eignen sich für alle Herdarten, andere nicht. Falls eine Neuanschaffung ansteht, sollte man sich gut überlegen, was einem wichtig ist.
Eine Aluminiumpfanne ist leicht, leitet die Wärme sehr gut, speichert sie aber nur kurz. Deshalb werden Aluminiumpfannen oft mit einem Sandwichboden versehen, der die Hitze länger hält. Außerdem sind Aluminiumpfannen fast immer beschichtet, sie dürfen also nicht zu stark erhitzt werden.
Edelstahlpfannen hingegen kann man sehr stark erhitzen, sie sind also ideal zum scharfen Anbraten, z. B. von Steaks. Bei einer unbeschichteten Edelstahlpfanne braucht man allerdings viel Fett zum Braten, damit nichts anbrennt. Edelstahl leitet die Hitze weniger gut als Aluminium, deshalb sollte der Boden einer Edelstahlpfanne aus mehreren Schichten leitfähiger Materialien wie Aluminium oder Kupfer bestehen. Es gibt auch Edelstahlpfannen mit einer Emailbeschichtung: Emailpfannen lassen sich stark erhitzen und sind robust und pflegeleicht. Allerdings ist die Antihaftwirkung nicht sehr hoch.
Schmiedeeiserne Pfannen sind wahre Allrounder, die sich für alles eignen. Sie sind schwer, lassen sich aber schnell und hoch erhitzen und halten die Hitze auch gut. Sie eignen sich für alle Herdarten und dürfen auch in den Backofen, weil sie einen

ofenfesten Griff haben. Sie haben keine Beschichtung, aber beim Gebrauch bildet sich mit der Zeit eine natürliche Beschichtung – die Pfannen werden also durch häufige Benutzung immer besser! Achtung: nie mit Spülmittel reinigen!
Gusseiserne Pfannen haben im Prinzip ähnliche Eigenschaften wie schmiedeeiserne, brauchen aber länger, um heiß zu werden und sind meist dicker und darum noch schwerer. Auch sie werden durch Gebrauch immer besser – wenn man sie nicht mit Spülmittel säubert!
Kupferpfannen sind die teuersten Pfannen, und das aus gutem Grund: Keine andere Pfanne leitet die Wärme so gut. Außerdem reagieren sie sehr schnell auf mehr oder weniger Hitzezufuhr (ideal für den Gasherd), sind angenehm leicht und sehr lange haltbar. Da Kupfer aber mit manchen Lebensmitteln reagiert, sind die Pfannen häufig mit einer PTFE (Teflon)-Beschichtung oder mit Edelstahl versehen. Die meisten Kupferpfannen eignen sich nicht für den Induktionsherd.

DIE BESCHICHTUNG

Die meisten beschichteten Pfannen sind mit einer Antihaftbeschichtung (meist Teflon genannt) ausgestattet. Sie dürfen nicht zu stark erhitzt werden. Manchmal ist darunter eine keramische Spritzschicht, die die Kratzfestigkeit der Antihaftbeschichtung erhöht. Diese Pfannen werden oft als Titanpfannen bezeichnet. Die Alternative sind keramische Antihaftbeschichtungen. Pfannen mit dieser Beschichtung lassen sich stärker erhitzen.

DAS BRATEN

Eine gewisse Hitze muss die Pfanne schon erreichen, damit Gemüse und Co. in ihr richtig braten und nicht nur sanft gedünstet werden. Zu heiß darf sie aber auch nicht sein, das schadet der Pfanne, und die Zutaten verbrennen, bevor sie gar sind. Die richtige Hitze erkennt man am besten so: ein paar Tropfen Wasser in die Pfanne geben. Wenn sie hin- und hertanzen, ist die Hitze gut. Wenn sie zischen und gleich verdampfen, ist die Hitze zu hoch; die Pfanne kurz vom Herd ziehen. Achtung: vor allem beschichtete Pfannen leer nicht länger als 3 Min. erhitzen. Kochgeschirr auf Induktionsherden niemals leer erhitzen.

DAS REINIGEN

Die meisten Hersteller empfehlen, die Pfanne nicht mit Spülmittel zu reinigen, sondern nur mit heißem Wasser gut zu spülen und mit einem Tuch auszureiben. Bürsten sind sowieso tabu! Reine Eisen- und Gusseisenpfannen ohne Beschichtung sollte man nach dem Trocknen noch mit Öl auspinseln, das bewahrt sie vor dem Rosten.

KARTOFFELN, NUDELN & GEMÜSE

Das schmeckt mir jeden Tag: eine Pfanne voll herrlicher Pasta, knackig-buntem Gemüse oder knusprigen Kartoffeln. Gerne vegetarisch, aber auch mal mit Speck, Wurst oder Garnelen.

SPARGEL-QUARK-SCHMARRN

150 g Quark | 5 Eier | 75 g Mehl | 75 ml Milch | Salz |
1 Handvoll Bärlauch | 300 g grüner Spargel | 2 EL Butter

Frühlingsfrisch

Für 2 Personen | 35 Min. Zubereitung
Pro Portion ca. 565 kcal, 33 g EW, 32 g F, 35 g KH

1 Den Quark mit den Eiern, dem Mehl und der Milch gründlich verrühren und mit Salz abschmecken. Den Bärlauch waschen und trocken tupfen, fein hacken und unter die Quarkmischung rühren. Den Spargel waschen und die holzigen Enden abschneiden. Den Spargel in ca. 2 cm lange Stücke schneiden.

2 In der Pfanne 1 EL Butter zerlassen, den Spargel dazugeben, salzen und bei mittlerer Hitze unter Rühren ca. 3 Min. andünsten. Die Quarkmasse gleichmäßig auf dem Spargel verteilen und alles ca. 10 Min. garen, bis die Quarkmasse fest geworden ist. Den Schmarrn mit zwei Kochlöffeln in grobe Stücke teilen.

3 Die restliche Butter dazugeben und den Schmarrn unter gelegentlichem Wenden noch ca. 2 Min. braten, bis die Stücke knusprig und schön gebräunt sind. Auf zwei vorgewärmte Teller verteilen. Dazu schmeckt ein Blattsalat.

PFANNEN-NIÇOISE

Vorbild für dieses Rezept ist der Salad niçoise aus Südfrankreich, den es in vielen Variationen gibt. Salatblätter, Bohnen und Tomaten gehören aber auf jeden Fall hinein.

1 festkochende Kartoffel (ca. 200 g)
1 kleine rote Paprika
½ kleiner Römersalat
1 rote Zwiebel
5 Zweige Bohnenkraut (ersatzweise Thymian)
4 EL Olivenöl
Salz
150 g TK-grüne-Bohnen
200 g Kirschtomaten
2 EL schwarze Oliven (mit Stein)
Pfeffer
1 kleine Dose Thunfisch in Öl (Abtropfgewicht ca. 80 g)

Salatklassiker – mal warm!

Für 2 Personen | 30 Min. Zubereitung
Pro Portion ca. 440 kcal, 14 g EW, 32 g F, 22 g KH

1 Die Kartoffel schälen, waschen und in gut 1 cm große Würfel schneiden. Die Paprika halbieren, Trennwände und Kerne entfernen, die Hälften waschen, vierteln und in Streifen schneiden. Die Salatblätter waschen, trocken schütteln und ebenfalls in Streifen schneiden. Die Zwiebel schälen, vierteln und in feine Streifen schneiden. Das Bohnenkraut waschen, trocken schütteln und die Blätter abzupfen.

2 In der Pfanne 2 EL Öl erhitzen. Die Kartoffelwürfel dazugeben, salzen und bei mittlerer bis großer Hitze unter Rühren ca. 5 Min. braten. Die Bohnen und das Bohnenkraut dazugeben und alles 5 Min. braten, bis die Kartoffel und die Bohnen fast gar sind.

3 Inzwischen die Tomaten waschen und halbieren. Die Zwiebel- und die Paprikastreifen zur Kartoffelmischung geben und ca. 2 Min. braten. Die Salatstreifen untermischen und braten, bis sie zusammenfallen.

4 Die Tomaten untermischen und heiß werden lassen. Die Oliven nach Belieben entsteinen und dazugeben. Mit Salz und Pfeffer abschmecken. Den Thunfisch abtropfen lassen und mit einer Gabel in Stücke zupfen. Auf dem Gemüse verteilen. Das restliche Olivenöl darüberträufeln und die Pfannen-Niçoise servieren.

TIPP **Ich kaufe schwarze Oliven mit Stein, weil sie einfach besser schmecken. Und ich entsteine sie auch nicht für die Pfannen-Niçoise, aber das können Sie natürlich machen. Manchmal gebe ich noch 2 Sardellenfilets (in Öl) dazu: abtropfen lassen, klein hacken und untermischen. Und wer mag, streut vor dem Servieren Basilikumblätter auf das Gemüse.**

BRATKARTOFFEL-KRAUT-PFANNE

500 g vorwiegend festkochende Kartoffeln | 50 g durchwachsener Räucherspeck (in dünnen Scheiben) | 1 Zwiebel | 1 Bund Schnittlauch | 150 g saure Sahne | Salz | Pfeffer | 1 EL neutrales Öl | 1 TL Kümmelsamen (nach Belieben) | 250 g gegartes Sauerkraut | 1 TL edelsüßes Paprikapulver

Winterlicher Seelenwärmer

Für 2 Personen | 35 Min. Zubereitung
Pro Portion ca. 455 kcal, 11 g EW, 29 g F, 34 g KH

1 Die Kartoffeln schälen, waschen und in ca. 1 cm große Würfel schneiden. Den Speck in Streifen schneiden. Die Zwiebel schälen, vierteln und in dünne Streifen schneiden. Den Schnittlauch waschen, trocken schütteln und in feine Röllchen schneiden. Mit der sauren Sahne verrühren und mit Salz und Pfeffer abschmecken.

2 Das Öl in der Pfanne erhitzen. Die Kartoffelwürfel dazugeben, salzen und bei mittlerer Hitze unter Rühren ca. 5 Min. braten. Den Speck, die Zwiebel und nach Belieben den Kümmel dazugeben. Alles ca. 10 Min. braten, bis die Kartoffeln weich und rundherum schön gebräunt sind. Zwischendurch immer mal wieder umrühren.

3 Das Sauerkraut untermischen und erwärmen. Die Bratkartoffel-Kraut-Pfanne mit dem Paprikapulver, Salz und Pfeffer abschmecken und mit dem Schnittlauchrahm servieren.

TIPP

Anstelle der Bratkartoffeln schmecken mir auch Schupfnudeln (aus dem Kühlregal). Diese gleich mit dem Speck und der Zwiebel mitbraten, bis sie schön gebräunt sind. Dann das Kraut untermischen.

BRATKARTOFFEL-BLUTWURST-PFANNE

1 Bund Schnittlauch | 2 kleine säuerliche Äpfel | 1 EL Apfelessig | 1 TL scharfer Senf | 2 EL saure Sahne | Salz | Pfeffer | gemahlener Kümmel (nach Belieben) | 600 g vorwiegend festkochende Kartoffeln | 250 g Blutwurst (eine feste Sorte zum Braten) | 2 EL Butterschmalz

Fruchtiger Apfelsalat gibt den Kick

Für 2 Personen | 40 Min. Zubereitung
Pro Portion ca. 746 kcal, 19 g EW, 54 g F, 46 g KH

1 Den Schnittlauch waschen, trocken schütteln und in feine Röllchen schneiden. Die Äpfel vierteln, schälen und vom Kerngehäuse befreien. Die Apfelviertel in kleine Würfel schneiden und mit dem Essig, dem Senf, der sauren Sahne und dem Schnittlauch verrühren. Mit Salz, Pfeffer und nach Belieben 1 Prise Kümmel abschmecken.

2 Die Kartoffeln schälen, waschen und in knapp ½ cm dicke Scheiben schneiden. Gut trocken tupfen. Die Blutwurst häuten und in etwas dickere Scheiben schneiden. Das Butterschmalz in der Pfanne erhitzen. Die Kartoffeln dazugeben, salzen und bei mittlerer bis großer Hitze ca. 12 Min. braten, bis sie gar und schön gebräunt sind. Dabei häufig wenden.

3 Die Kartoffeln an den Rand schieben und die Blutwurstscheiben in der Mitte der Pfanne auf beiden Seiten kräftig anbraten. Die Wurst- und die Kartoffelscheiben vorsichtig mischen und mit Salz und Pfeffer abschmecken. Auf zwei Teller verteilen und mit dem Apfelsalat servieren.

KARTOFFEL-PAPRIKA-TORTILLA

Eine Tortilla gehört in Spanien auf jeden Tapas-Teller, manchmal nur aus Kartoffeln, manchmal mit vielen Extras. Ich habe eine Version zum Sattessen kreiert!

1 rote Paprika
1 grüne Paprika
2 Knoblauchzehen
1 Frühlingszwiebel
½ Bund Petersilie
400 g festkochende Kartoffeln
4 EL Olivenöl
Salz
1 TL Chiliflocken
5 Eier

Warm und kalt ein Genuss

Für 2 Personen |
40 Min. Zubereitung
Pro Portion ca. 520 kcal,
21 g EW, 35 g F, 30 g KH

1 Beide Paprika halbieren, Trennwände und Kerne entfernen, die Hälften waschen und in feine Streifen schneiden. Den Knoblauch schälen und fein hacken. Die Frühlingszwiebel putzen, waschen und mit dem Grün in Ringe schneiden. Die Petersilie waschen, trocken schütteln und fein schneiden. Die Kartoffeln schälen, waschen und in dünne Scheiben schneiden.

2 In der Pfanne 2 EL Öl erhitzen. Die Kartoffelscheiben dazugeben und bei mittlerer Hitze unter gelegentlichem Rühren ca. 10 Min. anbraten. Die Paprika, den Knoblauch, die Frühlingszwiebel und die Petersilie hinzufügen und ca. 5 Min. mitgaren. Die Mischung mit Salz und den Chiliflocken abschmecken.

3 Die Eier aufschlagen, leicht verquirlen, salzen und auf die Kartoffelmischung gießen. Die Tortilla bei mittlerer Hitze ca. 5 Min. braten. Mithilfe eines Tellers wenden und auf der zweiten Seite ebenfalls 5 Min. braten. In Tortenstücke schneiden und servieren.

VARIANTE

KARTOFFEL-ZWIEBEL-FRITTATA

300 g festkochende Kartoffeln schälen, waschen, in dünne Scheiben und diese in Stifte schneiden. 1 milde weiße Zwiebel schälen, vierteln und in feine Streifen schneiden.
2 EL Olivenöl in einer ofenfesten Pfanne erhitzen. Kartoffeln, Zwiebel und 2 TL Thymianblättchen unter Rühren bei mittlerer Hitze ca. 5 Min. braten. Den Backofen auf 200° vorheizen.
5 Eier mit 2 EL frisch geriebenem Parmesan verrühren, mit Salz und Pfeffer würzen, in die Pfanne geben und alles gut mischen. Die Frittata im Ofen (Mitte) ca. 15 Min. backen, bis sie schön gebräunt ist. In Stücke schneiden und servieren.

SALBEI-TOMATEN-GNOCCHI

250 g Tomaten | 2 Knoblauchzehen | 2 Zweige Salbei | 2 EL Olivenöl | 400 g Gnocchi (aus dem Kühlregal) | ½ TL Chiliflocken | Salz | 40 g Parmesan (am Stück)

Quick & easy

Für 2 Personen | 20 Min. Zubereitung
Pro Portion ca. 510 kcal, 16 g EW, 16 g F, 76 g KH

1 Die Tomaten häuten und klein würfeln. Den Knoblauch schälen und fein hacken. Den Salbei waschen, die Blätter gründlich trocken tupfen. Die Hälfte in feine Streifen schneiden, den Rest ganz lassen. Das Öl in der Pfanne erhitzen. Die ganzen Salbeiblätter darin knusprig braten, herausnehmen und auf Küchenpapier abtropfen lassen.

2 Die Gnocchi im Öl bei mittlerer Hitze rundherum in ca. 5 Min. leicht knusprig braten. Knoblauch, Chiliflocken und Salbeistreifen dazugeben und kurz mitbraten. Die Tomatenwürfel unterrühren und kurz erwärmen. Die Gnocchi salzen, auf vorgewärmte Teller verteilen, den Parmesan darüberhobeln und die Salbeiblätter daraufstreuen.

KÜRBIS-GNOCCHI MIT RICOTTA

1 Stück Muskatkürbis (ca. 200 g) | 1 rote Zwiebel | 1 rote Chilischote | 2 Zweige Thymian | 2 EL Olivenöl | 400 g Gnocchi (aus dem Kühlregal) | Salz | 2 EL Ricotta

Farbenfrohes Herbstvergnügen

Für 2 Personen | 30 Min. Zubereitung
Pro Portion ca. 475 kcal, 11 g EW, 13 g F, 78 g KH

1 Kürbis entkernen, schälen, in knapp 1 cm dicke Scheiben und diese in ebenso breite Stifte schneiden. Zwiebel schälen, vierteln und in Streifen schneiden. Chilischote waschen, vom Stiel befreien und mit den Kernen in Ringe schneiden. Thymian waschen, trocken schütteln und die Blättchen abzupfen. Das Öl in der Pfanne erhitzen, die Gnocchi dazugeben und bei mittlerer Hitze rundherum in ca. 5 Min. leicht knusprig braten.

2 Kürbis, Zwiebel, Chili und Thymian dazugeben. Salzen und ca. 5 Min. braten, bis das Gemüse bissfest ist. Ab und zu umrühren. Den Ricotta in kleinen Stücken daraufsetzen und zugedeckt ca. 1 Min. erwärmen. Die Kürbis-Gnocchi servieren.

SCHUPFNUDEL-PILZ-PFANNE

250 g Egerlinge (ersatzweise Champignons) | 1 EL Zitronensaft | 2 Frühlingszwiebeln | 1 Knoblauchzehe | 2 Zweige Thymian | 1 ½ EL Butter | 400 g Schupfnudeln (aus dem Kühlregal) | Salz | Pfeffer | 100 g Sahne | 1 TL Tomatenmark

Sattmacher für Pilzfreunde

Für 2 Personen | 25 Min. Zubereitung
Pro Portion ca. 570 kcal, 11 g EW, 28 g F, 65 g KH

1 Pilze putzen, in Scheiben schneiden und mit Zitronensaft mischen. Frühlingszwiebeln putzen, waschen, in Ringe schneiden. Knoblauch schälen und hacken. Thymian waschen, trocken schütteln, Blättchen abzupfen. 1 EL Butter in der Pfanne zerlassen und die Schupfnudeln darin in ca. 5 Min. knusprig braten. Herausnehmen und warm halten.

2 Restliche Butter zerlassen, Pilze dazugeben, salzen und pfeffern und bei großer Hitze unter Rühren ca. 4 Min. braten. Zwiebel, Knoblauch und Thymian ca. 2 Min. mitbraten. Sahne und Tomatenmark unterrühren, alles salzen und pfeffern. Die Schupfnudeln darin erhitzen und servieren.

PFANNENSPÄTZLE MIT KÄSE

2 große Zwiebeln | 1 EL Butter | 1 EL neutrales Öl | Salz | 400 g Spätzle (aus dem Kühlregal) | 100 g mittelalter Bergkäse (am Stück) | Pfeffer | 1 Tomate

Blitzversion des Klassikers

Für 2 Personen | 30 Min. Zubereitung
Pro Portion ca. 635 kcal, 27 g EW, 32 g F, 57 g KH

1 Zwiebeln schälen und in dünne Ringe schneiden. Die Hälfte der Butter und des Öls in der ofenfesten Pfanne erhitzen, Zwiebelringe dazugeben, salzen und bei mittlerer Hitze in ca. 10 Min. weich braten. Den Backofen auf 220° vorheizen.

2 Die Herdplatte höher stellen, die restliche Butter und das übrige Öl zu den Zwiebeln geben und die Spätzle unterrühren. Ca. 4 Min. mitbraten, bis Spätzle und Zwiebeln goldbraun sind. Inzwischen den Käse klein würfeln. Auf die Spätzle streuen und alles ca. 5 Min. in den Ofen (Mitte) schieben, bis der Käse zu schmelzen beginnt. Salzen und pfeffern. Die Tomate waschen, ohne Stielansatz würfeln und vor dem Servieren daraufstreuen.

REISNUDEL-KOHL-PFANNE MIT GARNELEN

One-pot-Pasta ist der Hit! Und sie gelingt auch bestens in der Pfanne und nicht nur mit italienischer Pasta, sondern auch mit asiatischen Reisnudeln.

1 kleiner Spitzkohl (ca. 300 g; ersatzweise Weißkohl)
1 Stück Ingwer (ca. 2 cm lang)
2 Frühlingszwiebeln
6 große rohe geschälte Garnelen (ersatzweise TK-Garnelen, aufgetaut)
1 Stück Gurke (ca. 100 g)
1 EL neutrales Öl
150 g mittelbreite Reisnudeln
2 EL helle Sojasauce
1 TL Sambal Oelek
Salz
¼ Bund Koriandergrün
2 EL Limettensaft (ersatzweise Zitronensaft)

Asiapfannen-Highlight

Für 2 Personen | 30 Min. Zubereitung
Pro Portion ca. 440 kcal, 23 g EW, 7 g F, 71 g KH

1 Vom Kohl alle welken Blätter entfernen. Den Kohl vierteln, den dicken Strunk aus der Mitte herausschneiden und die Kohlviertel in ca. 1 cm breite Streifen schneiden. Den Ingwer schälen und fein hacken. Die Frühlingszwiebeln putzen, waschen und mit dem Grün in Ringe schneiden.

2 Die Garnelen waschen, trocken tupfen und je nach Größe in Stücke schneiden. Das Gurkenstück waschen oder schälen und längs in Scheiben und diese quer in Stifte schneiden.

3 Das Öl in der Pfanne erhitzen. Den Ingwer, die Frühlingszwiebeln und den Kohl darin kurz andünsten. Die Reisnudeln und 500 ml kaltes Wasser dazugeben und erhitzen. Mit der Sojasauce, dem Sambal Oelek und Salz würzen und offen bei mittlerer bis großer Hitze unter häufigem Rühren ca. 8 Min. kochen.

4 Inzwischen das Koriandergrün waschen, trocken schütteln und die Blättchen fein hacken. Die Garnelen und die Gurkenstifte unter die Nudeln mischen und alles ca. 2 Min. kochen, bis die Nudeln weich sind und die Garnelen sich rosa gefärbt haben.

5 Die Nudelpfanne mit dem Limettensaft und eventuell noch etwas Salz abschmecken. Auf zwei Teller verteilen und mit dem Koriandergrün bestreuen.

TIPP **Damit die Garnelen beim Garen nicht trocken werden, sollten es auf jeden Fall rohe sein, keine vorgegarten. Anstelle der frischen eignen sich TK-Garnelen. Und die lassen sich gut einzeln aus der Packung nehmen und auftauen.**

NUDELPFANNE SIZILIANISCH

1 Aubergine (ca. 250 g) | 250 g Tomaten | 1 rote Zwiebel | 2 Knoblauchzehen | 1 getrocknete Chilischote | 4 Zweige Oregano | 4 Zweige Thymian | 4 Stängel Petersilie | 1 TL Kapern (in Salz eingelegt) | 3 EL Olivenöl | Salz | 200 g kurze Nudeln (z. B. Casarecce, Penne oder Rigatoni) | 125 g Büffel-Mozzarella

So schmeckt der Sommer

Für 2 Personen | 35 Min. Zubereitung
Pro Portion ca. 760 kcal, 28 g EW, 37 g F, 78 g KH

1 Die Aubergine waschen, von den Enden befreien und klein würfeln. Die Tomaten häuten und ohne die Stielansätze klein würfeln. Die Zwiebel und den Knoblauch schälen und fein hacken. Die Chilischote im Mörser fein zerstoßen. Die Kräuter waschen, trocken schütteln und fein schneiden. Die Kapern kalt abspülen und abtropfen lassen.

2 Das Öl in der Pfanne erhitzen. Die Auberginen dazugeben, salzen und bei mittlerer Hitze unter Rühren ca. 5 Min. braten. Zwiebel, Knoblauch und Chili kurz mitbraten. Die Tomatenwürfel, die Kapern, die Nudeln und 450 ml kaltes Wasser dazugeben. Alles offen garen, bis die Pasta al dente ist (sie braucht bei dieser Methode ca. 4 Min. länger als auf der Packung angegeben). Ab und zu umrühren und bei Bedarf etwas Wasser dazugeben.

3 Den Mozzarella abtropfen lassen und in kleine Würfel schneiden. Die Nudelpfanne mit Salz abschmecken, den Mozzarella untermischen und das Ganze auf der ausgeschalteten Herdplatte zugedeckt ca. 1 Min. ziehen lassen, bis der Mozzarella leicht anschmilzt. Die Nudelpfanne auf zwei vorgewärmte Teller verteilen und servieren.

ZUCCHINI-ZITRONEN-RISOTTO

2 Zucchini (ca. 300 g) | 2 Frühlingszwiebeln | 1 Knoblauchzehe | ½ Bio-Zitrone | 3 EL Butter | 175 g Risottoreis | 600 ml Gemüsebrühe | ½ Bund Basilikum | 75 g Roquefort (ersatzweise ein anderer, eher fester Edelpilzkäse) | Salz | Pfeffer

Frisch und würzig

Für 2 Personen | 35 Min. Zubereitung
Pro Portion ca. 660 kcal, 17 g EW, 32 g F, 73 g KH

1 Die Zucchini putzen, waschen und in Würfel schneiden. Die Frühlingszwiebeln putzen, waschen und mit dem Grün in feine Ringe schneiden, 2 TL Frühlingszwiebelgrün beiseitelegen. Den Knoblauch schälen und fein hacken. Die Zitronenhälfte heiß waschen und abtrocknen, die Schale fein abreiben und den Saft auspressen.

2 Die Hälfte der Butter in der Pfanne zerlassen und die Frühlingszwiebelringe, den Knoblauch und die Zucchini darin andünsten. Den Reis dazugeben und rühren, bis die Körner mit Butter überzogen sind. Ein Drittel der Brühe dazugießen. Den Reis bei mittlerer Hitze unter häufigem Rühren in ca. 20 Min. bissfest garen. Dabei nach und nach die restliche Brühe dazugießen.

3 Inzwischen das Basilikum waschen, trocken schütteln und fein schneiden. Mit dem beiseitegelegten Frühlingszwiebelgrün mischen. Den Roquefort zerkrümeln. Die restliche Butter würfeln und mit der Zitronenschale und dem Zitronensaft unter den Risotto ziehen. Mit Salz und Pfeffer abschmecken. Den Käse unterheben, den Risotto auf vorgewärmte Teller verteilen, mit der Basilikummischung bestreuen und servieren.

BULGURPFANNE MIT SCHINKEN

150 g Bulgur | 100 g gekochter Schinken (am Stück) | 1 dünne Stange Lauch | 1 EL Olivenöl | 100 g stückige Tomaten (aus der Dose) | 350 ml Gemüsebrühe | ½ TL gemahlener Koriander | ½ TL Cayennepfeffer | Salz | 1 Bund Rucola | 1 EL Butter

Sanft zum Budget

Für 2 Personen | 40 Min. Zubereitung
Pro Portion ca. 470 kcal, 23 g EW, 15 g F, 55 g KH

1 Den Bulgur in einer Schüssel mit so viel heißem Wasser übergießen, dass die Körner gerade bedeckt sind. Ca. 15 Min. quellen lassen.

2 Inzwischen den Schinken in kleine Würfel schneiden. Den Lauch putzen und der Länge nach aufschneiden. Gründlich waschen, auch zwischen den Schichten, und in feine Streifen schneiden.

3 Das Öl in der Pfanne erhitzen. Den Lauch darin unter Rühren ca. 2 Min. andünsten. Den Schinken dazugeben und kurz mitdünsten. Den Bulgur, die stückigen Tomaten und die Brühe dazugeben und das Ganze erhitzen. Mit dem gemahlenen Koriander, dem Cayennepfeffer und Salz abschmecken und bei mittlerer Hitze offen ca. 15 Min. kochen, bis der Bulgur bissfest ist. Dabei häufig umrühren und bei Bedarf etwas Wasser dazugeben.

4 Inzwischen den Rucola waschen und trocken schütteln. Alle dicken Stiele abknipsen und den Rucola grob hacken. Die Butter in kleine Stücke teilen und mit dem Rucola zum Bulgur geben. Rühren, bis der Rucola zusammenfällt. Die Bulgurpfanne abschmecken und sofort servieren.

GEMÜSEPOLENTA MIT KÄSE

1 kleiner Kohlrabi | 1 dünne Stange Lauch | 2 Knoblauchzehen | 1 Zweig Rosmarin | 2 EL Olivenöl | Salz | 100 g stückige Tomaten (aus der Dose) | 450 ml Gemüsebrühe | 100 g Instant-Polenta | 75 g mittelalter Bergkäse (am Stück) | 2 Stängel Basilikum | Pfeffer

Löffel für Löffel ein Gedicht

Für 2 Personen | 35 Min. Zubereitung
Pro Portion ca. 445 kcal, 18 g EW, 22 g F, 41 g KH

1 Den Kohlrabi schälen und in kleine Würfel schneiden. Zarte Blätter waschen und mitverwenden. Den Lauch putzen, der Länge nach aufschneiden und gründlich waschen, auch zwischen den Schichten. Den Lauch in feine Streifen schneiden. Den Knoblauch schälen und fein hacken. Den Rosmarin waschen, trocken schütteln und die Nadeln fein hacken.

2 Das Öl in der Pfanne erhitzen. Den Kohlrabi und den Lauch dazugeben, salzen und bei mittlerer Hitze ca. 4 Min. braten. Den Knoblauch und den Rosmarin kurz mitgaren, dann die stückigen Tomaten und die Brühe dazugeben und erhitzen. Die Polenta einrühren und alles zugedeckt bei kleiner Hitze ca. 5 Min. köcheln lassen.

3 Inzwischen den Käse entrinden und in kleine Würfel schneiden. Das Basilikum waschen, trocken schütteln und die Blätter fein schneiden.

4 Den Käse unter die Polenta rühren und erhitzen, bis er fast geschmolzen ist. Die Gemüsepolenta mit Salz und Pfeffer abschmecken und mit dem Basilikum bestreut servieren.

BUNTE GEMÜSEPFANNE MIT KNUSPERBROT

Eine sommerliche Gemüsepfanne, die ich mal nicht mit frischem Brot serviere. Stattdessen gibt es als feines Topping knusprig geröstete Brotwürfel obendrauf.

1 kleine Aubergine (ca. 250 g)
1 Zucchino (ca. 250 g)
1 rote Paprika
100 g Kirschtomaten
1 rote Zwiebel
2 Knoblauchzehen
¼ Bund Thymian
2 Scheiben Weißbrot (am besten italienisches)
4 EL Olivenöl
Salz | Pfeffer
ca. 40 g Parmesan (am Stück)

Italienische Feinkost

Für 2 Personen | 30 Min. Zubereitung
Pro Portion ca. 440 kcal, 16 g EW, 27 g F, 33 g KH

1 Aubergine und Zucchino putzen, waschen und in knapp 1 cm große Würfel schneiden. Die Paprika halbieren, Trennwände und Kerne entfernen, die Hälften waschen und in Streifen schneiden. Die Tomaten waschen und halbieren.

2 Die Zwiebel und den Knoblauch schälen. Die Zwiebel vierteln und in Streifen schneiden. Den Thymian waschen, trocken schütteln und die Blättchen abzupfen. Das Brot in ca. 1 cm große Würfel schneiden.

3 In der Pfanne 2 EL Öl erhitzen. Die Brotwürfel dazugeben und unter Rühren braten, bis sie schön knusprig sind. Den Knoblauch dazupressen und gut unterrühren. Die Brotwürfel mit Salz abschmecken und wieder aus der Pfanne nehmen.

4 Das restliche Öl in der Pfanne erwärmen. Aubergine, Zucchino und Paprika sowie die Zwiebel und den Thymian dazugeben und mit Salz und Pfeffer würzen. Das Gemüse bei mittlerer Hitze unter Rühren ca. 8 Min. braten, bis es bissfest ist.

5 Die Tomaten untermischen und kurz warm werden lassen. Das Gemüse noch einmal abschmecken. Die Brotwürfel daraufstreuen und den Parmesan in feinen Spänen über das Gemüse hobeln. Die Gemüsepfanne auf zwei Teller verteilen und servieren.

TIPP **Ich stelle zum Servieren gerne noch eine Flasche besonders aromatisches Olivenöl auf den Tisch. Wer mag, träufelt sich etwas davon auf die Gemüsepfanne.**

200 pages, hardcover · 180 photos
"Reversible Picnic Sheet"
HOME

BREZENGRÖSTL MIT WURZELGEMÜSE

2 Brezen (am besten vom Vortag, ersatzweise frische) | 1 große Möhre | 1 Stück Knollensellerie (ca. 125 g) | 1 Stange Lauch | 1 EL Butter | 1 EL neutrales Öl | 1 TL Kümmelsamen (nach Belieben) | Salz | Pfeffer | 1 Ei | 100 g saure Sahne | ½ Bund Schnittlauch

Warme Brezenbrotzeit

Für 2 Personen | 35 Min. Zubereitung
Pro Portion ca. 395 kcal, 12 g EW, 21 g F, 39 g KH

1 Die Brezen in dünne Scheiben schneiden. Die Möhre und das Selleriestück schälen. Die Möhre zuerst längs in Scheiben und diese quer in Stifte schneiden. Den Sellerie ebenfalls zuerst in Scheiben, dann in Stifte schneiden. Den Lauch putzen und der Länge nach durchschneiden. Gründlich waschen, auch zwischen den Schichten, und in feine Streifen schneiden.

2 Die Butter und das Öl in der Pfanne erhitzen. Die Brezenscheiben dazugeben und bei großer Hitze auf beiden Seiten knusprig braten. Wieder herausnehmen. Das Gemüse und nach Belieben den Kümmel ins Bratfett geben, mit Salz und Pfeffer würzen und bei mittlerer Hitze unter Rühren in ca. 5 Min. bissfest braten.

3 Die Brezen untermischen und wieder erhitzen. Alles mit Salz und Pfeffer abschmecken. Das Ei mit der sauren Sahne verrühren und untermischen. Die Pfanne vom Herd ziehen und die Eiermischung stocken lassen, sie soll dabei nicht trocken werden.

4 Den Schnittlauch waschen, trocken schütteln und in Röllchen schneiden. Das Brezengröstl damit bestreuen, auf zwei Teller verteilen und servieren.

GEBRATENER COUSCOUS MIT GEMÜSE

150 g Couscous | Salz | 1 Möhre | 1 Stange Staudensellerie | 200 g Champignons | 1 rote Zwiebel | 2 Knoblauchzehen | 1 grüne Chilischote | ½ Bund Basilikum | 100 g Joghurt | ½ TL gemahlener Koriander | 4 EL Öl

Leicht und joghurtfrisch

Für 2 Personen | 30 Min. Zubereitung
Pro Portion ca. 505 kcal, 14 g EW, 22 g F, 62 g KH

1 Den Couscous in einer Schüssel mit ½ TL Salz mischen und mit heißem Wasser gut bedecken. Ca. 15 Min. quellen lassen.

2 Inzwischen die Möhre putzen, schälen und längs in feine Streifen schneiden. Den Sellerie putzen, waschen und in ca. 4 cm breite Stücke schneiden, diese längs in Streifen schneiden. Die Pilze putzen und in dünne Scheiben schneiden. Die Zwiebel schälen, vierteln und in feine Streifen schneiden. Den Knoblauch schälen und fein hacken. Die Chilischote halbieren, Kerne entfernen, die Hälften waschen und in Streifen schneiden. Das Basilikum waschen, trocken schütteln und die Blätter in Streifen schneiden. Joghurt und Koriander mischen und mit Salz abschmecken.

3 In der Pfanne 3 EL Öl erhitzen. Den Couscous darin verteilen und bei großer Hitze ca. 2 Min. braten. Wenden und ca. 2 Min. braten, bis er knusprig wird. Salzen und herausnehmen.

4 Das restliche Öl erhitzen und das Gemüse, die Pilze, die Zwiebel, den Knoblauch und die Chilistreifen dazugeben. Salzen und unter Rühren bei mittlerer Hitze in ca. 3 Min. bissfest braten. Couscous und Basilikum untermischen und erwärmen. Abschmecken und mit dem Joghurt servieren.

KÜRBIS-KARTOFFEL-RÖSTI

Das Schweizer Original wird nur aus Kartoffeln, und zwar aus gekochten vom Vortag, zubereitet. Mit Kürbis und rohen Kartoffeln wird die Rösti aber besonders fein.

1 Stück Muskatkürbis (ca. 400 g)
2 große vorwiegend festkochende Kartoffeln (ca. 350 g)
1 Zwiebel
8 Zweige Thymian
1 EL Mehl
1 Ei
Salz | Pfeffer
Cayennepfeffer
2 EL Butter
1 EL neutrales Öl
75 g mittelalter Bergkäse (am Stück)

Super auch als Beilage für 4

Für 2 Personen | 30 Min. Zubereitung
Pro Portion ca. 515 kcal, 20 g EW, 32 g F, 36 g KH

1 Die Kürbiskerne mitsamt dem weichen Fruchtfleisch mit einem Löffel aus dem Kürbis schaben (Bild 1) und den Kürbis schälen. Die Kartoffeln schälen, waschen und trocken tupfen. Die Zwiebel schälen. Den Kürbis, die Kartoffeln und die Zwiebel grob in eine Schüssel raspeln. Falls sich dabei Flüssigkeit bildet, diese ausdrücken und abgießen (Bild 2).

2 Den Thymian waschen und trocken schütteln. Die Blättchen abzupfen und unter die Kürbis-Kartoffel-Raspel rühren. Das Mehl und das Ei dazugeben, alles gut verrühren und mit Salz, Pfeffer und 1 Prise Cayennepfeffer abschmecken.

3 In der ofenfesten Pfanne ½ EL Butter mit dem Öl erhitzen. Die Kürbismischung einfüllen und bei mittlerer Hitze ca. 10 Min. braten, bis die Masse gut zusammenhält und goldbraun ist. Den Backofen auf 200° vorheizen. Die Rösti auf einen Teller stürzen (Bild 3) und wieder in die Pfanne gleiten lassen. ½ EL Butter dazugeben und die Rösti nochmals ca. 5 Min. braten.

4 Inzwischen den Käse grob raspeln und auf die Rösti streuen. Die restliche Butter in Flöckchen darauf verteilen. Die Rösti ca. 5 Min. im heißen Ofen (Mitte) garen, bis der Käse leicht angeschmolzen ist. Die Rösti vierteln und servieren. Dazu schmeckt ein knackiger Blattsalat.

TIPP Wer eine klassische Rösti zubereiten will, nimmt nur Kartoffeln. Am besten eignen sich festkochende Sorten. Noch wichtiger ist es aber, dass man sie mindestens 24 Stunden vor der Zubereitung kocht und im Kühlschrank lagert.

1

2

3

EIER, TOFU & HÜLSEN-FRÜCHTE

Schön leicht und wunderbar würzig – das ist das Motto in diesem Kapitel. Mit Tomaten, Kräutern und aromatischem Gemüse werden Eier, Tofu und Hülsenfrüchte aus der Pfanne zu echten Lieblingsessen.

EIER IN SCHARFER TOMATENSAUCE

1 Zwiebel | 2 Knoblauchzehen | 1 rote Chilischote | ½ Bund Petersilie | ½ Bund Koriandergrün | 2 EL Olivenöl | Salz | 1 Dose stückige Tomaten (400 g) | 100 ml Gemüsebrühe | 1 TL gemahlener Koriander | 1 TL gemahlener Kreuzkümmel | 2 TL edelsüßes Paprikapulver | 4 Eier

Ein Hauch von Orient

Für 2 Personen | 35 Min. Zubereitung
Pro Portion ca. 295 kcal, 16 g EW, 22 g F, 8 g KH

1 Die Zwiebel und den Knoblauch schälen und fein hacken. Die Chilischote waschen, vom Stiel befreien und mit den Kernen fein hacken. Die Kräuter waschen, trocken schütteln und die Blätter fein schneiden. 1 EL der Kräuterblätter beiseitelegen.

2 Das Öl in der Pfanne erhitzen. Den Knoblauch, die Zwiebel und die Chili dazugeben, salzen und unter Rühren bei mittlerer Hitze ca. 5 Min. dünsten. Die stückigen Tomaten, die gehackten Kräuter und die Brühe hinzufügen. Alles mit den gemahlenen Gewürzen und Salz abschmecken und ca. 5 Min. offen garen.

3 In die Tomatensauce vier kleine Vertiefungen drücken und je 1 Ei hineinschlagen. Die Eier leicht salzen und zugedeckt in der Sauce in ca. 5 Min. stocken lassen. Das Gericht mit den beiseitegelegten Kräutern bestreuen, auf zwei Teller verteilen und servieren. Dazu schmeckt knuspriges Brot.

KRÄUTER-KÄSE-FRITTATA

Die saftige Frittata kann man immer neu variieren. Mir schmecken auch grüner Spargel oder Erbsen, blanchierter Spinat oder Frühlingszwiebeln statt der Kräuter.

1 Bund gemischte Kräuter (z. B. für grüne Sauce: Sauerampfer, Petersilie, Borretsch, Schnittlauch, Kerbel und Zitronenmelisse)
1 Frühlingszwiebel
100 g Fontina (am Stück; ersatzweise junger Bergkäse)
5 Eier
Salz | Pfeffer
frisch geriebene Muskatnuss
1 EL Butter

Frühlingsfrischer Genuss

Für 2 Personen | 30 Min. Zubereitung
Pro Portion ca. 475 kcal, 31 g EW, 37 g F, 3 g KH

1 Die Kräuter waschen, trocken schütteln und die Blätter fein schneiden. Die Frühlingszwiebel putzen, waschen und mit dem Grün in Ringe schneiden.

2 Den Käse entrinden und in knapp 1 cm große Würfel schneiden. Die Eier aufschlagen und mit einer Gabel leicht verquirlen. Die Käsewürfel untermischen und die Mischung mit Salz, Pfeffer und 1 Prise Muskat würzen.

3 Die Butter in der Pfanne zerlassen. Die Kräuter und die Frühlingszwiebelringe dazugeben und unter Rühren dünsten, bis die Kräuter zusammenfallen. Die Eier-Käse-Mischung dazugeben und alles einmal durchrühren.

4 Das Ganze bei mittlerer Hitze ca. 10 Min. backen, bis die Oberfläche beginnt, fest zu werden. Die Frittata auf einen Teller gleiten lassen, zurück in die Pfanne stürzen und in ca. 5 Min. fertig backen. Die Kräuter-Käse-Frittata in Tortenstücke schneiden und servieren. Dazu passt ein Tomatensalat.

TIPP Wer die Frittata in einer ofenfesten Pfanne zubereitet, kann sie nach dem Anbraten der Zutaten ohne Wenden auch im Ofen fertig garen. Die Eiermasse dazugeben, unterrühren und alles bei 200° auf der mittleren Schiene ca. 15 Min. backen, bis die Frittata aufgegangen und schön gebräunt ist.

TOFU-GEMÜSE-CURRY

400 g Tofu | 1 Brokkoli (ca. 250 g) | 1 große Möhre | 2 Frühlingszwiebeln | 1 Knoblauchzehe | 1 Stück Ingwer (ca. 1 cm) | 2 EL neutrales Öl | Salz | 150 g TK-Erbsen | 200 g Kokosmilch | 1 EL Zitronensaft | Chiliflocken

Kokoscremig & vegan

Für 2 Personen | 30 Min. Zubereitung
Pro Portion ca. 580 kcal, 32 g EW, 43 g F, 16 g KH

1 Den Tofu in gut 1 cm große Würfel schneiden und trocken tupfen. Den Brokkoli waschen und die Röschen abschneiden. Den Stiel schälen und würfeln. Die Möhre schälen und zuerst längs in Scheiben, dann quer in Stifte schneiden. Die Frühlingszwiebeln putzen, waschen und mit dem Grün in Ringe schneiden. Den Knoblauch und den Ingwer schälen und fein hacken.

2 Das Öl in der Pfanne erhitzen, den Tofu dazugeben, salzen und bei großer Hitze braten, bis er schön gebräunt ist. Dabei immer erst wenden, wenn er knusprig ist. Den Tofu herausnehmen.

3 Den Brokkoli (Röschen und Stiel) und die Möhrenstifte in die Pfanne geben und andünsten. Die Zwiebelringe, den Knoblauch, den Ingwer und die Erbsen hinzufügen und kurz anbraten.

4 Die Kokosmilch angießen, den Tofu wieder dazugeben und unterrühren. Alles mit dem Zitronensaft, Salz und Chiliflocken abschmecken. Offen bei mittlerer Hitze ca. 5 Min. garen, bis das Gemüse bissfest ist. Auf Teller verteilen und heiß servieren. Dazu passt Weißbrot oder ein Glasnudelsalat.

LINSEN-ROSENKOHL-PFANNE

1 Zwiebel | 2 Knoblauchzehen | ¼ Bund Thymian | 1 EL Olivenöl | 150 g braune Linsen (ersatzweise grüne oder schwarze) | 400 g Rosenkohl | ½ Bio-Zitrone | 2 EL Crème fraîche | Salz | Pfeffer | ½ Bund Petersilie

Deftige Winterfreude

Für 2 Personen | 1 Std. Zubereitung
Pro Portion ca. 395 kcal, 26 g EW, 15 g F, 38 g KH

1 Die Zwiebel und den Knoblauch schälen und fein hacken. Den Thymian waschen und trocken schütteln, die Blättchen abzupfen.

2 Das Öl in der Pfanne erhitzen. Die Zwiebel und den Knoblauch dazugeben und kurz andünsten. Die Linsen und die Thymianblättchen hinzufügen, 750 ml Wasser angießen und die Linsen bei mittlerer Hitze offen ca. 25 Min. kochen.

3 Inzwischen den Rosenkohl putzen, waschen und vierteln. Die Zitronenhälfte heiß waschen und abtrocknen, die Schale fein abreiben und den Saft auspressen. Den Rosenkohl zu den Linsen geben und alles zugedeckt ca. 25 Min. köcheln, bis Linsen und Rosenkohl weich sind.

4 Die Zitronenschale und 1 EL Zitronensaft sowie die Crème fraîche dazugeben. Das Gericht mit Salz und Pfeffer abschmecken und kurz ziehen lassen. Inzwischen die Petersilie waschen, trocken schütteln und die Blätter fein schneiden. Vor dem Servieren auf die Linsen-Rosenkohl-Pfanne streuen. Dazu schmeckt knuspriges Brot.

TIPP

Die Linsen-Rosenkohl-Pfanne schmeckt auch sehr gut, wenn man sie mit Schafskäsewürfeln oder mit Streifen von rohem Schinken toppt.

TOFUPFANNE MIT KORIANDERTOMATEN

Tofu schmeckt am besten, wenn er kräftig angebraten und mit aromatischen Zutaten wie Kräutern und Gewürzen kombiniert wird wie hier.

1 Bund Frühlingszwiebeln
2 Knoblauchzehen
½ Bund Koriandergrün
400 g Tofu
2 EL neutrales Öl
Salz | Pfeffer
1 TL gemahlener Koriander
1 TL gemahlener Kreuzkümmel
1 TL rosenscharfes Paprikapulver
1 Dose stückige Tomaten (400 g)

Asiatisch-veganer Genuss

Für 2 Personen | 25 Min. Zubereitung
Pro Portion ca. 365 kcal, 26 g EW, 24 g F, 12 g KH

1 Die Frühlingszwiebeln putzen, waschen und mit dem Grün in feine Ringe schneiden. Etwas Grün zum Bestreuen der fertigen Pfanne beiseitelegen. Den Knoblauch schälen und fein hacken. Das Koriandergrün waschen, trocken schütteln und die Blättchen fein schneiden. Den Tofu in gut 1 cm große Würfel schneiden und trocken tupfen.

2 Das Öl in der Pfanne erhitzen. Den Tofu dazugeben, mit Salz und Pfeffer würzen und bei großer Hitze rundherum braten, bis er schön gebräunt ist. Aus der Pfanne nehmen. Die Hitze reduzieren und die Zwiebelringe und den Knoblauch im Bratfett unter Rühren 1–2 Min. braten.

3 Die gemahlenen Gewürze darüberstreuen und kurz anbraten. Die stückigen Tomaten dazugeben und kräftig aufkochen lassen. Bei Bedarf ca. 50 ml Wasser hinzufügen. Den Tofu und das Koriandergrün untermischen und die Sauce mit Salz und Pfeffer abschmecken. Die Tofupfanne mit dem Zwiebelgrün bestreut servieren. Dazu schmeckt Fladenbrot und Hummus (siehe Tipp).

TIPP Für einen feinen Hummus als Beilage 1 Dose Kichererbsen (240 g Abtropfgewicht) in einem Sieb kalt abspülen, bis das ablaufende Wasser klar bleibt. Die Kichererbsen mit 3 EL Tahin (Sesampaste), 3 EL Olivenöl, 2 EL Zitronensaft und ca. 3 EL Wasser fein pürieren. Mit 1 TL gemahlenem Kreuzkümmel, Salz und Pfeffer abschmecken. Übriger Hummus schmeckt auch noch nach ein paar Tagen, z. B. auf geröstetem Brot oder zu gebratenem oder gegrilltem Gemüse und Schafskäse (Feta).

KICHERERBSENPFANNE MIT LAMM

1 Zweig Rosmarin | 300 g Lammfilet | Saft und abgeriebene Schale von ½ Bio-Zitrone | 3 EL Olivenöl | 1 Knoblauchzehe | 2 Stangen Staudensellerie | 100 g Kirschtomaten | 1 Dose gegarte Kichererbsen (240 g Abtropfgewicht) | 100 g gehackter TK-Spinat | Salz | Chiliflocken (ersatzweise Pfeffer)

Mediterrane Aromapower

Für 2 Personen | 35 Min. Zubereitung
Pro Portion ca. 410 kcal, 38 g EW, 22 g F, 15 g KH

1 Den Rosmarin waschen, trocken schütteln und die Nadeln fein hacken. Das Lammfilet in Streifen schneiden und mit dem Rosmarin, der Zitronenschale und dem -saft sowie 1 EL Olivenöl mischen.

2 Den Knoblauch schälen und in dünne Scheiben schneiden. Den Sellerie waschen und die Enden abschneiden, falls sich dabei Fäden lösen, diese abziehen. Den Sellerie in dünne Scheiben schneiden. Die Tomaten waschen und halbieren. Die Kichererbsen in einem Sieb kalt abspülen, bis das ablaufende Wasser klar bleibt.

3 Das restliche Öl in der Pfanne erhitzen, das Lammfleisch darin in zwei Portionen kräftig anbraten und wieder herausnehmen. Den Sellerie ins Bratfett geben und unter Rühren bei mittlerer Hitze ca. 2 Min. braten. Die Kichererbsen und den Spinat dazugeben und zugedeckt ca. 5 Min. kochen, bis der Spinat aufgetaut ist.

4 Die Tomaten untermischen und warm werden lassen. Das Fleisch wieder dazugeben und erwärmen. Die Kichererbsenpfanne mit Salz und Chiliflocken abschmecken und gleich servieren. Dazu schmeckt knusprig getoastetes Brot.

BOHNEN-CHILI-PFANNE

1 große Zwiebel | 2 Knoblauchzehen | 1 rote Chilischote | ¼ Bund Bohnenkraut (ersatzweise Thymian) | 2 Möhren | 2 Stangen Staudensellerie | 2 EL Olivenöl | 1 Dose stückige Tomaten (400 g) | 125 ml Gemüsebrühe | Salz | 1 Dose gegarte Borlottibohnen (240 g Abtropfgewicht; ersatzweise rote Bohnen) | 100 g Schafskäse (Feta)

Chili sin carne

Für 2 Personen | 35 Min. Zubereitung
Pro Portion ca. 365 kcal, 19 g EW, 20 g F, 24 g KH

1 Die Zwiebel und den Knoblauch schälen und fein hacken. Die Chilischote waschen, vom Stiel befreien und mit den Kernen fein hacken. Das Bohnenkraut waschen, trocken schütteln und die Blätter fein schneiden.

2 Die Möhren schälen, den Sellerie putzen und waschen. Beides sehr fein hacken, das zarte Selleriegrün ebenfalls verwenden.

3 Das Öl in der Pfanne erhitzen und die Gemüsewürfel dazugeben. Bei mittlerer Hitze unter Rühren ca. 5 Min. dünsten. Zwiebel, Knoblauch, Bohnenkraut und Chili dazugeben und ca. 2 Min. dünsten. Die stückigen Tomaten und die Brühe dazugeben, alles salzen und offen ca. 5 Min. köcheln lassen.

4 Inzwischen die Bohnen in einem Sieb kalt abspülen, bis das ablaufende Wasser klar bleibt. Den Schafskäse zerkrümeln. Die Bohnen in die Pfanne geben und kurz erwärmen. Die Bohnen-Chili-Pfanne abschmecken und mit dem Schafskäse bestreut servieren. Dazu schmeckt knuspriges Brot.

FLEISCH & FISCH

Fleisch und Fisch schmecken mir am besten in Begleitung von Gemüse, Kräutern und Gewürzen. Und wenn man all die feinen Zutaten zusammen in der Pfanne zubereitet, verbinden sich die Aromen besonders gut.

WURST-AUBERGINEN-PFANNE

2 rohe (Kalbs-)Bratwürste (ca. 250 g) | 1 große Aubergine (ca. 450 g) | 200 g Tomaten | 1 rote Zwiebel | 2 EL Olivenöl | Salz | Pfeffer | 1 TL Koriandersamen (nach Belieben) | 50 ml trockener Weißwein (ersatzweise Gemüsebrühe) | 2 EL schwarze Oliven

Mediterraner Sommergenuss

Für 2 Personen | 35 Min. Zubereitung
Pro Portion ca. 510 kcal, 20 g EW, 41 g F, 11 g KH

1 Die Bratwurstmasse in etwa walnussgroßen Stücken aus den Häuten drücken. Die Aubergine putzen, waschen und klein würfeln. Die Tomaten waschen und ohne die Stielansätze ebenfalls würfeln. Die Zwiebel schälen, vierteln und in feine Streifen schneiden.

2 Das Olivenöl in der Pfanne erhitzen. Die Zwiebel und die Aubergine dazugeben, mit Salz und Pfeffer würzen. Nach Belieben die Koriandersamen im Mörser andrücken und untermischen. Das Gemüse bei mittlerer Hitze unter Rühren ca. 5 Min. braten.

3 Die Wurststücke dazugeben und mitbraten, bis sie nicht mehr rötlich sind. Mit dem Weißwein ablöschen und die Tomaten und die Oliven untermischen. Beides unter Rühren heiß werden lassen. Die Wurst-Auberginen-Pfanne abschmecken und sofort servieren. Dazu schmeckt Weißbrot und ein Blattsalat.

PAELLA MIT HUHN UND GARNELEN

Das spanische Nationalgericht wird in seiner Heimat mit ganz unterschiedlichen Zutaten zubereitet. Die Kombination von Huhn und Garnelen mag ich am liebsten.

2 kleine Hähnchenunterkeulen
Salz | Pfeffer
2 Zwiebeln
2 Knoblauchzehen
0,1 g Safranfäden
375 ml Hühnerbrühe
3 EL Olivenöl
200 g spanischer oder italienischer Rundkornreis
150 g TK-Erbsen
200 g stückige Tomaten (aus der Dose)
1 TL rosenscharfes Paprikapulver
4 große rohe Garnelen in der Schale (ersatzweise TK-Garnelen, aufgetaut)
Zitronenschnitze zum Garnieren

Spanisch für Feinschmecker

Für 2 Personen | 1 Std. Zubereitung
Pro Portion ca. 710 kcal, 39 g EW, 23 g F, 89 g KH

1 Die Hähnchenkeulen kalt waschen und trocken tupfen. Mit Salz und Pfeffer würzen. Die Zwiebeln und den Knoblauch schälen und fein hacken. Die Safranfäden zwischen den Fingerspitzen leicht zerreiben und mit der Hühnerbrühe verrühren.

2 In einer ofenfesten Pfanne 2 EL Öl erhitzen. Die Hühnerkeulen hineingeben und unter mehrmaligem Wenden bei mittlerer Hitze ca. 10 Min. anbraten und wieder herausnehmen.

3 Die Zwiebeln und den Knoblauch im Bratfett andünsten. Den Reis, die Erbsen und die stückigen Tomaten dazugeben. Die Safranbrühe dazugießen und alles mit Salz, Pfeffer und dem Paprikapulver abschmecken. Den Reis offen bei kleiner Hitze ca. 15 Min. garen, dabei nicht zu oft rühren. Bei Bedarf noch etwas Wasser dazugießen. Den Backofen auf 180° vorheizen.

4 Die Hähnchenkeulen auf den Reis legen, die Pfanne mit Alufolie abdecken und in den Ofen stellen. Die Paella im heißen Ofen ca. 15 Min. backen.

5 Inzwischen die Garnelen waschen und trocken tupfen. Die Schalen am Rücken einschneiden und leicht aufbiegen. Den dunklen Darm mithilfe eines spitzen Messers entfernen. Die Garnelen mit Salz und Pfeffer würzen und neben die Hähnchenkeulen auf den Reis legen. Die Paella wieder zudecken und im heißen Ofen ca. 5 Min. fertig garen. Auf zwei Teller verteilen und mit Zitronenschnitzen garniert servieren.

PAPRIKA-HACKBÄLLCHEN-PFANNE

Saftige Hackbällchen auf würzigem Gemüse, ein Gericht, das Groß und Klein begeistert. Für Große gerne auch mal mit Lammhack und mit Chili gewürzt zubereiten!

1 Scheibe Toastbrot
1 Knoblauchzehe
½ Bund Petersilie
½ Bio-Zitrone
250 g gemischtes Hackfleisch (ersatzweise Rinderhackfleisch)
1 Ei
Salz | Pfeffer
400 g Paprika (am besten bunt gemischt)
2 rote Zwiebeln
2 EL Olivenöl
50 g Schafskäse (Feta)

Beliebt bei Groß und Klein

Für 2 Personen |
35 Min. Zubereitung
Pro Portion ca. 590 kcal,
36 g EW, 43 g F, 13 g KH

1 Das Toastbrot mit Wasser bedecken und weich werden lassen. Den Knoblauch schälen. Die Petersilie waschen, trocken schütteln und die Blätter abzupfen, ein paar Blätter zum Bestreuen beiseitelegen. Die Zitronenhälfte heiß waschen und abtrocknen, ein ca. 5 cm langes Stück Schale dünn abschneiden. Den Knoblauch, die Petersilie und die Zitronenschale fein hacken.

2 Das Toastbrot gut ausdrücken und zerpflücken, mit dem Hackfleisch, der Petersilienmischung und dem Ei in eine Schüssel geben, mit Salz und Pfeffer würzen und gründlich verkneten, bis der Fleischteig zusammenhält. Aus der Hackfleischmasse etwa tischtennisballgroße Bällchen formen.

3 Die Paprika halbieren, Trennwände und Kerne entfernen, die Hälften waschen und in gut 1 cm breite Streifen schneiden. Die Zwiebeln schälen, vierteln und ebenfalls in Streifen schneiden.

4 Das Olivenöl in der Pfanne erhitzen. Die Hackbällchen hineingeben und bei mittlerer Hitze in ca. 5 Min. rundherum braun braten. Die Pfanne dabei immer wieder kräftig hin und her rütteln und die Bällchen auf diese Weise wenden. Die Bällchen aus der Pfanne nehmen und zugedeckt warm halten.

5 Die Paprika und die Zwiebeln in die Pfanne geben, salzen und bei mittlerer bis großer Hitze unter häufigem Rühren in ca. 5 Min. bissfest garen. Das Gemüse abschmecken, die Hackbällchen darauflegen und zugedeckt richtig heiß werden lassen. Den Schafskäse zerkrümeln und vor dem Servieren mit den beiseitegelegten Petersilienblättern auf die Paprika-Hackbällchen-Pfanne streuen. Dazu schmeckt Fladenbrot.

SCHNELLES SZEGEDINER

2 Zwiebeln | 1 kleiner Spitzkohl (ca. 300 g; ersatzweise junger Weißkohl) | 1 mehligkochende Kartoffel (ca. 100 g) | 300 g Schweinelende | 1 EL Butterschmalz | Salz | Pfeffer | 1 TL Kümmelsamen | 200 ml Fleischbrühe (ersatzweise Gemüsebrühe) | 1 TL Tomatenmark | 1 TL edelsüßes Paprikapulver | ½ TL rosenscharfes Paprikapulver | 2 Stängel Petersilie | 2 EL saure Sahne

Klassiker im Schnellverfahren

Für 2 Personen | 40 Min. Zubereitung
Pro Portion ca. 320 kcal, 37 g EW, 13 g F, 12 g KH

1 Die Zwiebeln schälen und fein hacken. Den Spitzkohl von den welken Blätter befreien, längs vierteln und den Strunk jeweils herausschneiden. Die Viertel in Streifen schneiden. Die Kartoffel schälen, waschen und fein raspeln. Das Schweinefleisch in Streifen schneiden.

2 Das Butterschmalz in der Pfanne erhitzen und das Fleisch darin in zwei Portionen kräftig anbraten und wieder herausnehmen. Mit Salz und Pfeffer würzen. Die Zwiebeln und den Kümmel in die Pfanne geben, salzen, pfeffern und bei mittlerer Hitze unter häufigem Rühren ca. 5 Min. dünsten.

3 Den Kohl und die Kartoffelraspel dazugeben und kurz mitdünsten. Die Brühe dazugießen und alles zugedeckt ca. 7 Min. köcheln lassen, bis der Kohl und die Kartoffeln gar sind.

4 Das Tomatenmark unterrühren und das Fleisch dazugeben. Mit beiden Sorten Paprikapulver, Salz und Pfeffer abschmecken. Die Petersilie waschen, trocken schütteln und die Blätter fein schneiden. Die saure Sahne unterrühren und das Szegediner mit der Petersilie bestreut servieren. Dazu schmecken Kümmelstangen oder Brezen.

KALBFLEISCH-GEMÜSE-PFANNE

1 Fenchelknolle (ca. 300 g) | 200 g Mangold (mit viel Blattanteil) | 1 rote Zwiebel | 2 Knoblauchzehen | 350 g Kalbslende | 1 EL Butter | 1 EL Olivenöl | ½ Bio-Zitrone | 125 ml trockener Weißwein (ersatzweise Gemüsebrühe) | 1 TL Honig | Salz | Pfeffer

Leicht & vitaminreich

Für 2 Personen | 35 Min. Zubereitung
Pro Portion ca. 365 kcal, 40 g EW, 14 g F, 7 g KH

1 Den Fenchel putzen, waschen und vierteln, den Strunk herausschneiden und das zarte Fenchelgrün beiseitelegen. Den Fenchel in schmale Streifen schneiden. Den Mangold waschen. Die Blätter abschneiden und grob hacken, die Stiele in feine Streifen schneiden. Die Zwiebel und den Knoblauch schälen und fein hacken. Das Kalbfleisch in schmale Streifen schneiden.

2 Die Butter und das Öl in der Pfanne erhitzen. Das Fleisch darin in zwei Portionen unter Rühren kräftig anbraten und wieder herausnehmen. Das Gemüse mit der Zwiebel und dem Knoblauch in die Pfanne geben und bei mittlerer Hitze unter Rühren ca. 5 Min. dünsten, bis es bissfest ist.

3 Inzwischen die Zitronenhälfte heiß waschen und abtrocknen, die Schale fein abreiben. Den Wein und die Zitronenschale zum Gemüse geben und alles mit dem Honig, Salz und Pfeffer abschmecken. Das Fleisch wieder untermischen und kurz heiß werden lassen. Das Fenchelgrün fein hacken und daraufstreuen. Die Kalbfleisch-Gemüse-Pfanne auf zwei Teller verteilen und mit knusprigem Weißbrot servieren.

RINDERRAGOUT MIT ORANGE

Langsam geschmortes Rindfleisch wird besonders zart und aromatisch und gelingt auch in der Pfanne super. Für diese Zubereitung braucht man unbedingt einen Deckel.

400 g Rindfleisch zum Schmoren (Wade oder Schulter)
2 Stangen Staudensellerie
1 große Möhre
4 Schalotten
2 Knoblauchzehen
1 Zweig Rosmarin
1 Zweig Salbei
1 Bio-Orange
2 EL Olivenöl
50 ml Orangenlikör (nach Belieben)
400 ml trockener Rotwein
Salz
Chilipulver (ersatzweise Pfeffer)
1 TL Honig

Französische Verwöhnpfanne

Für 2 Personen | 25 Min. Zubereitung | 2 Std. Garen
Pro Portion ca. 620 kcal, 44 g EW, 25 g F, 13 g KH

1 Das Rindfleisch nur von dicken Sehnen und größeren Fettstücken befreien und in ca. 2 cm große Würfel schneiden. Den Sellerie putzen, waschen und in dünne Scheiben schneiden, die Möhre schälen und ebenfalls in Scheiben schneiden. Die Schalotten und den Knoblauch schälen und in feine Scheiben schneiden.

2 Die Kräuter waschen und trocken tupfen. Die Nadeln bzw. Blätter fein schneiden. Die Orange heiß waschen und abtrocknen, die Hälfte der Schale mit dem Zestenreißer abziehen oder mit einem Messer sehr dünn abschneiden und in feine Streifen schneiden. Die Orange auspressen.

3 Das Öl in der Pfanne erhitzen. Das Fleisch darin in zwei Portionen rundherum kräftig anbraten und wieder herausnehmen. Das Gemüse, die Schalotten und den Knoblauch in das Bratfett geben und kurz andünsten.

4 Nach Belieben mit dem Orangenlikör ablöschen. Den Wein und den Orangensaft dazugießen und den Bratsatz damit loskochen. Das Fleisch wieder dazugeben, das Ragout mit der Orangenschale, Salz und Chilipulver würzen und zugedeckt bei kleiner Hitze ca. 2 Std. schmoren, bis das Fleisch zart ist. Dabei ab und zu umrühren und bei Bedarf noch etwas Flüssigkeit angießen.

5 Das Rinderragout mit dem Honig und eventuell noch etwas Salz und Chili abschmecken. Auf zwei Teller verteilen und heiß servieren. Dazu passt knuspriges Baguette.

NUDELPFANNE MIT LAMMHACK

50 g Schafskäse (Feta) | 4 Stängel Minze | 2 EL Olivenöl | 150 g Joghurt | Salz | 2 Frühlingszwiebeln | 2 Knoblauchzehen | 200 g junger Spinat | 300 g Lammhackfleisch | 200 g kurze Pasta (z. B. Casarecce oder Fusilli) | ½ TL Chiliflocken

Minzfrisch Sattessen

Für 2 Personen | 35 Min. Zubereitung
Pro Portion ca. 915 kcal, 47 g EW, 46 g F, 75 g KH

1 Den Schafskäse fein zerkrümeln. Die Minze waschen, trocken schütteln und die Blätter fein hacken. Den Schafskäse, die Minze und 1 TL Öl unter den Joghurt rühren. Mit Salz abschmecken.

2 Die Frühlingszwiebeln putzen, waschen und mit dem Grün in feine Ringe schneiden. Gut 1 EL vom Grün beiseitelegen. Den Knoblauch schälen und fein hacken. Den Spinat gründlich waschen und trocken schütteln, dickere Stiele abknipsen.

3 In der Pfanne 1 EL Olivenöl erhitzen. Die Zwiebelringe und den Knoblauch kurz darin andünsten. Das Hackfleisch hinzufügen und bei großer Hitze unter Rühren krümelig braten. Die Pasta und 450 ml kaltes Wasser dazugeben, mit den Chiliflocken und Salz würzen und alles offen bei mittlerer Hitze kochen, bis die Nudeln al dente sind (mit dieser Methode gegarte Pasta braucht ca. 4 Min. länger als auf der Packung angegeben). Dabei immer wieder durchrühren.

4 Den Spinat nach und nach dazugeben, unterrühren und zusammenfallen lassen. Alles noch ca. 4 Min. garen, bis die Pasta al dente ist. Die Nudelpfanne mit Salz abschmecken und mit dem Joghurt servieren.

PFANNEN-CARBONARA

70 g durchwachsener Räucherspeck (in dünnen Scheiben) | 200 g Spaghetti | Salz | 20 g Parmesan (am Stück) | 1 Ei (sehr frisch) | Pfeffer

Italo-Klassiker aus einer Pfanne

Für 2 Personen | 25 Min. Zubereitung
Pro Portion ca. 640 kcal, 20 g EW, 30 g F, 71 g KH

1 Den Speck in feine Streifen schneiden und in der Pfanne bei mittlerer Hitze erwärmen, bis das Fett schmilzt und der Speck leicht knusprig wird.

2 Die Spaghetti und ca. 600 ml kaltes Wasser dazugeben, alles salzen und offen bei mittlerer bis großer Hitze bissfest garen (mit dieser Methode gegarte Pasta braucht ca. 4 Min. länger als auf der Packung angegeben). Dabei immer wieder durchrühren und bei Bedarf etwas Wasser nachgießen. Die Nudeln sollen schön feucht sein.

3 Den Parmesan reiben und die Hälfte mit dem Ei verquirlen. Die Pfanne vom Herd ziehen. Die Ei-Parmesan-Mischung rasch unter die Pasta rühren und das Ganze sofort auf zwei vorgewärmte Teller verteilen. Mit dem übrigen Parmesan und Pfeffer bestreuen und servieren.

VARIANTE PFANNEN-AMATRICIANA

1 Zwiebel schälen, vierteln und in feine Streifen schneiden. Mit dem Speck und 1 zerkrümelten Chilischote wie beschrieben andünsten. Spaghetti, 200 g stückige Tomaten (aus der Dose) sowie 450 ml Wasser dazugeben. Das Ganze wie beschrieben garen. Mit Salz abschmecken und mit Parmesan bestreuen.

COQ AU CIDRE

Eine Abwandlung des Coq au vin aus dem Burgund, der klassisch mit Pilzen, Schalotten und Rotwein zubereitet wird. Mir schmeckt diese Variante fast noch besser.

2 Hühnerkeulen mit Schulterteil
Salz | Pfeffer
50 g durchwachsener Räucherspeck (am Stück)
2 Zweige Salbei
100 g Schalotten
150 g helle kernlose Weintrauben
1 EL Öl
1 EL Butter
1 TL Mehl
250 ml trockener Cidre
1 EL Zitronensaft

Spätsommergenuss mit Huhn

Für 2 Personen |
35 Min. Zubereitung |
50 Min. Schmoren
Pro Portion ca. 580 kcal,
24 g EW, 40 g F, 19 g KH

1 Die Hühnerkeulen im Gelenk durchschneiden (Bild 1), kalt abspülen und trocken tupfen, salzen und pfeffern. Den Speck ohne Schwarte in kleine Würfel schneiden. Den Salbei waschen, trocken schütteln und die Blätter in Streifen schneiden. Die Schalotten schälen und halbieren. Die Trauben waschen und abzupfen.

2 Das Öl und die Butter in einer hohen Pfanne mit Deckel erhitzen. Den Speck dazugeben, bei mittlerer Hitze leicht knusprig werden lassen (Bild 2) und wieder herausheben.

3 Die Hühnerteile portionsweise in das Fett geben und rundherum anbraten. Wieder herausnehmen. Dann die Schalotten und den Salbei in die Pfanne geben und andünsten. Das Mehl darüberstäuben und kurz anschwitzen (Bild 3).

4 Den Cidre dazugießen und aufkochen lassen. Die Hühnerteile und den Speck wieder in die Pfanne legen und alles bei kleiner Hitze zugedeckt ca. 40 Min. schmoren.

5 Die Trauben unterrühren und das Gericht mit dem Zitronensaft, Salz und Pfeffer abschmecken und nochmals ca. 10 Min. schmoren. Den Coq au cidre in vorgewärmten Tellern servieren. Dazu schmeckt Baguette.

TIPP **Wenn einmal Kaninchen im Angebot ist, nehme ich das gerne anstelle der Hühnerkeulen. Einfach ½ Kaninchen am besten gleich vom Metzger in kleine Stücke teilen lassen und genauso garen wie die Hühnerkeulen.**

1

2

3

HÄHNCHENCURRY MIT ZUCKERSCHOTEN

250 g Zuckerschoten | 400 g Hähnchenbrustfilet | 2 Frühlingszwiebeln | 2 Knoblauchzehen | 1 Stück Ingwer (ca. 2 cm lang) | 1 TL gemahlener Koriander | 1 TL gemahlener Kreuzkümmel | ½ TL Chilipulver | 1 TL gemahlene Kurkuma | Zimtpulver | 2 EL Öl | Salz | 125 ml Hühnerbrühe (ersatzweise Gemüsebrühe)

Verführerische indische Aromen

Für 2 Personen | 30 Min. Zubereitung
Pro Portion ca. 430 kcal, 47 g EW, 23 g F, 8 g KH

1 Die Zuckerschoten waschen und die Enden abschneiden. Falls sich dabei Fäden lösen, diese abziehen. Das Hähnchenfleisch waschen, trocken tupfen und in ca. 1 cm große Würfel schneiden. Die Frühlingszwiebeln putzen, waschen und mit dem Grün in feine Ringe schneiden. Den Knoblauch und den Ingwer schälen und fein hacken.

2 Koriander, Kreuzkümmel, Chilipulver und Kurkuma mit 1 Prise Zimtpulver mischen. Das Öl in der Pfanne erhitzen, die Zuckerschoten dazugeben, leicht salzen und bei mittlerer Hitze unter Rühren ca. 4 Min. anbraten.

3 Die Hähnchenwürfel, die Zwiebelringe, den Knoblauch und den Ingwer dazugeben und kurz mitbraten. Die Gewürzmischung darüberstreuen und kurz anbraten, bis sie duftet.

4 Die Brühe dazugießen und zum Kochen bringen. Das Hähnchencurry zugedeckt bei kleiner Hitze ca. 3 Min. sanft köcheln lassen. Mit Salz abschmecken, auf zwei Teller oder Schüsseln verteilen und servieren. Dazu schmeckt Brot oder ein Joghurt, mit etwas fruchtigem Chutney verrührt.

SCHWEINEFLEISCH-GEMÜSE-PFANNE

300 g Schweinelende | 1 EL helle Sojasauce | 1 Stängel Zitronengras | 2 Knoblauchzehen | 1 Stück Ingwer (ca. 2 cm lang) | 1 rote Chilischote | 1 Stange Lauch | 1 rote Paprika | 1 Stück Gurke (ca. 150 g) | 2 EL Öl | 100 ml Gemüsebrühe | Salz

Gruß aus Südostasien

Für 2 Personen | 35 Min. Zubereitung
Pro Portion ca. 305 kcal, 36 g EW, 14 g F, 9 g KH

1 Das Schweinefleisch in feine Streifen schneiden und mit der Sojasauce mischen. Das Zitronengras waschen, die Enden abschneiden und den Stängel sehr fein hacken. Den Knoblauch und den Ingwer schälen und ebenfalls fein hacken. Die Chilischote waschen, vom Stiel befreien und mit den Kernen in feine Ringe schneiden.

2 Den Lauch putzen, der Länge nach aufschneiden und gründlich waschen. Lauch in feine Streifen schneiden. Die Paprika halbieren, Trennwände und Kerne entfernen, die Hälften waschen und in Streifen schneiden. Das Gurkenstück schälen, längs halbieren und die Kerne herauskratzen. Die Gurkenstücke in feine Scheiben schneiden.

3 In der Pfanne 1 EL Öl erhitzen. Das Fleisch darin bei großer Hitze unter Rühren ca. 2 Min. braten und wieder herausnehmen. Das restliche Öl in die Pfanne geben und das Gemüse darin unter Rühren in ca. 4 Min. bissfest braten. Zitronengras, Knoblauch, Ingwer und Chili dazugeben und kurz mitbraten. Die Brühe dazugießen und aufkochen. Das Fleisch untermischen, mit Salz abschmecken und servieren. Dazu schmeckt ein Glasnudelsalat.

FISCHPFANNE MIT BUNTEM GEMÜSE

Hier ziehen fein gewürzte Fischwürfel nur kurz auf dem bissfest gegarten Gemüse. So bleiben sie wunderbar zart und saftig.

350 g Fischfilet (z. B. Kabeljau oder Seeteufel)
½ Bio-Zitrone
8 Zweige Thymian
1 Knoblauchzehe
6 Mangoldblätter (am besten 3 rote und 3 gelbe)
1 Bund Frühlingszwiebeln
2 kleine Möhren
1 kleiner Brokkoli (ca. 250 g)
2 mittelgroße Tomaten
2 EL Olivenöl + Olivenöl zum Beträufeln
Salz | Pfeffer

Leichtes für heiße Tage

Für 2 Personen | 35 Min. Zubereitung
Pro Portion ca. 315 kcal, 37 g EW, 14 g F, 11 g KH

1 Das Fischfilet waschen, trocken tupfen und in ca. 2 cm große Würfel schneiden, ggf. Gräten mit einer Pinzette entfernen. Die Zitronenhälfte heiß waschen, abtrocknen und die Schale fein abreiben. Den Saft auspressen. Den Thymian waschen, trocken schütteln und die Blättchen abzupfen. Den Knoblauch schälen und durch die Presse drücken. Knoblauch, Zitronensaft und -schale sowie den Thymian verrühren und mit den Fischwürfeln vermengen. Zugedeckt beiseitestellen.

2 Die Mangoldblätter waschen und in gut 1 cm breite Streifen schneiden. Die Frühlingszwiebeln putzen, waschen und mit dem knackigen Grün in ca. 5 cm lange Stücke schneiden, diese jeweils längs halbieren. Die Möhren putzen, schälen, längs vierteln und in ca. 5 cm lange Stücke schneiden.

3 Den Brokkoli waschen und die Röschen abschneiden. Den Stiel schälen und würfeln. Die Tomaten mit kochendem Wasser überbrühen, kurz ziehen lassen, kalt abschrecken, häuten und ohne die Stielansätze in Würfel schneiden. Das Öl in der Pfanne erhitzen. Die Möhren und den Brokkoli dazugeben, salzen und bei zuerst großer, dann mittlerer Hitze unter Rühren ca. 4 Min. braten. Die Frühlingszwiebeln und den Mangold untermischen und das Gemüse in ca. 4 Min. bissfest braten.

4 Die Tomatenwürfel unterrühren und alles einmal kräftig aufkochen, mit Salz und Pfeffer abschmecken. Die Fischwürfel mit Salz und Pfeffer würzen, auf dem Gemüse verteilen, die Pfanne zudecken und den Fisch in ca. 3 Min. gar ziehen lassen. Abschmecken, auf zwei vorgewärmten Tellern anrichten, mit etwas Olivenöl beträufeln und servieren.

BORSCHTSCH-PFANNE MIT FISCHFILET

1 große Zwiebel | ½ kleiner Spitzkohl (ca. 200 g; ersatzweise junger Weißkohl) | 200 g gegarte Rote Bete (vakuumverpackt) | 2 EL Öl | 125 ml Gemüsebrühe | Salz | Pfeffer | 1 TL gemahlener Koriander | 1 TL rosenscharfes Paprikapulver | 300 g festfleischiges Fischfilet (z. B. Zander) | 1 EL Zitronensaft | 1 kleines Bund Dill | 100 g saure Sahne

Klassiker mit Fisch veredelt

Für 2 Personen | 25 Min. Zubereitung
Pro Portion ca. 330 kcal, 34 g EW, 17 g F, 11 g KH

1 Die Zwiebel schälen, vierteln und in feine Streifen schneiden. Den Kohl waschen, längs durchschneiden und den dicken Strunk herausschneiden. Den Kohl quer in Streifen schneiden. Die Rote Bete – falls nötig – schälen, dann zuerst in Scheiben und anschließend in Stifte schneiden.

2 Das Öl in der Pfanne erhitzen, die Zwiebel und den Kohl dazugeben und bei mittlerer Hitze unter Rühren ca. 5 Min. andünsten. Die Rote Bete hinzufügen, die Brühe dazugießen und alles mit Salz, Pfeffer, Koriander und Paprikapulver abschmecken. Ca. 2 Min. köcheln, bis der Kohl bissfest ist.

3 Das Fischfilet waschen und trocken tupfen, ggf. Gräten mit einer Pinzette entfernen. Das Fischfilet in ca. 2 cm große Würfel schneiden und mit dem Zitronensaft, Salz und Pfeffer würzen. Die Fischwürfel auf das Gemüse legen und zugedeckt bei mittlerer Hitze in ca. 3 Min. gar ziehen lassen. Inzwischen den Dill waschen, trocken schütteln und die Spitzen fein hacken. Mit der sauren Sahne verrühren und mit Salz und Pfeffer würzen. Die Borschtsch-Pfanne mit dem Dillrahm servieren.

ZANDER-GURKEN-PFANNE

400 g Zanderfilet | ½ Bio-Zitrone | 1 Salatgurke | 1 weiße Zwiebel | 1 EL Butter | 1 TL Zucker | 80 ml Fischfond (ersatzweise Gemüsebrühe) | 1 großes Bund Dill | 2 EL Crème fraîche | ½ TL gemahlener Koriander | Salz | Pfeffer

Dillwürziges für Feinschmecker

Für 2 Personen | 30 Min. Zubereitung
Pro Portion ca. 350 kcal, 41 g EW, 16 g F, 9 g KH

1 Mit den Fingern über das Fischfilet streifen, ggf. Gräten herausziehen. Fischfilet waschen, trocken tupfen und in gut 1 cm große Würfel schneiden. Die Zitronenhälfte heiß waschen, abtrocknen, die Schale abreiben und den Saft auspressen. Die Fischwürfel mit der Schale und 1 EL Saft mischen.

2 Die Gurke schälen und längs halbieren. Die Kerne herauskratzen und die Gurkenhälften in knapp 1 cm breite Stücke schneiden. Die Zwiebel schälen, vierteln und in feine Streifen schneiden. Die Butter in der Pfanne erhitzen. Den Zucker darin schmelzen. Die Zwiebel und die Gurkenstücke dazugeben und unter Rühren bei mittlerer Hitze ca. 3 Min. braten. Den Fischfond dazugießen und die Gurkenstücke zugedeckt bei mittlerer Hitze in ca. 10 Min. bissfest garen.

3 Inzwischen den Dill waschen, trocken schütteln und die Spitzen fein hacken. Die Crème fraîche unter das Gemüse rühren und alles mit dem Koriander, Salz und Pfeffer abschmecken. Den Fisch leicht salzen, darauflegen und zugedeckt in ca. 5 Min. gar ziehen lassen. Den Dill dazugeben, alles vorsichtig mischen, abschmecken und servieren. Dazu schmeckt Brot oder Couscoussalat.

TINTENFISCHPFANNE MIT KNOBLAUCHBROT

Kleine Tintenfische bleiben beim kurzen Braten in der Pfanne wunderbar zart. Wenn sie mal nicht zu bekommen sind, kann man auch rohe Garnelen nehmen.

400 g kleine Tintenfischchen
250 g Kirschtomaten
1 Bund Frühlingszwiebeln
1 Zweig Rosmarin
1 Zweig Thymian
4 Stängel Oregano
4 Stängel Basilikum
1 große Knoblauchzehe
3 EL Olivenöl
6 Scheiben Baguette
1 EL schwarze Oliven
100 ml trockener Weißwein
(ersatzweise Fischfond)
Salz | Pfeffer
½ TL Honig

Schmeckt nach Urlaub und Meer

Für 2 Personen |
30 Min. Zubereitung
Pro Portion ca. 555 kcal,
41 g EW, 21 g F, 40 g KH

1 Die Tintenfischchen waschen und trocken tupfen. Die Tomaten waschen und halbieren. Die Frühlingszwiebeln putzen, waschen und mit dem Grün in ca. 1 cm lange Stücke schneiden. Dicke Stücke längs halbieren. Die Kräuter waschen und trocken schütteln. Die Nadeln bzw. Blätter abzupfen. Die Basilikumblätter beiseitelegen, die restlichen Kräuter fein hacken. Den Knoblauch schälen.

2 Die Pfanne erhitzen und 1 EL Öl hineingeben. Die Baguettescheiben darin auf beiden Seiten knusprig braten, herausnehmen und mit dem Knoblauch einreiben.

3 Das restliche Öl in die Pfanne geben. Die Tintenfischchen und die Frühlingszwiebeln hineingeben und unter Rühren ca. 2 Min. braten. Die Kräuter und die Tomaten dazugeben und kurz mitbraten. Die Oliven hinzufügen und den Wein dazugießen. Einmal kräftig aufkochen.

4 Die Tintenfischchen mit Salz, Pfeffer und dem Honig abschmecken und mit den Knoblauchbroten servieren.

TIPP

Zur Tintenfischpfanne schmeckt mir ein Orangen-Zwiebel-Salat: dafür 1 rote Zwiebel schälen, vierteln und in feine Streifen schneiden. Mit Salz und 1 EL Olivenöl verrühren und ca. 5 Min. ziehen lassen. Inzwischen von 1 großen saftigen Orange die Schale so abschneiden, dass auch die weiße Haut mit entfernt wird. Die Orange in Scheiben schneiden und die Kerne entfernen. Die Scheiben vierteln und mit den Zwiebelstreifen, 1 EL Oliven und 1 EL Olivenöl mischen. Mit Salz und Pfeffer abschmecken.

REGISTER

Damit Sie Rezepte mit bestimmten Zutaten noch schneller finden, sind in diesem Register auch beliebte Zutaten wie **Huhn** oder **Tomaten** alphabetisch eingeordnet und hervorgehoben. Darunter finden Sie das Rezept Ihrer Wahl. Vegetarische Rezepte, die im Buch mit einem 🍃 gekennzeichnet sind, sind hier grün abgesetzt.

A

Aubergine
- Bunte Gemüsepfanne mit Knusperbrot 22
- Nudelpfanne sizilianisch 18
- Wurst-Auberginen-Pfanne 39

B/C

Blutwurst: Bratkartoffel-Blutwurst-Pfanne 11
Bohnen-Chili-Pfanne 37
Borschtsch-Pfanne mit Fischfilet 56
Bratkartoffel-Blutwurst-Pfanne 11
Bratkartoffel-Kraut-Pfanne 10
Brezengröstl mit Wurzelgemüse 24
Bulgurpfanne mit Schinken 20
Bunte Gemüsepfanne mit Knusperbrot 22
Coq au cidre 50
Couscous, gebratener, mit Gemüse 25

E

Eier
- Eier in scharfer Tomatensauce 29
- Kräuter-Käse-Frittata 30
- Spargel-Quark-Schmarrn 7

Erbsen
- Paella mit Huhn und Garnelen 40
- Tofu-Gemüse-Curry 32

F/G

Fischpfanne mit buntem Gemüse 54
Garnelen
- Paella mit Huhn und Garnelen 40
- Reisnudel-Kohl-Pfanne mit Garnelen 16

Gebratener Couscous mit Gemüse 25
Gemüsepolenta mit Käse 21
Gurke
- Zander-Gurken-Pfanne 57

H

Hackfleisch
- Nudelpfanne mit Lammhack 48
- Paprika-Hackbällchen-Pfanne 42

Huhn
- Coq au cidre 50
- Hähnchencurry mit Zuckerschoten 52
- Paella mit Huhn und Garnelen 40

K

Kaiserschmarrn 64
Kalbfleisch-Gemüse-Pfanne 45
Kartoffeln
- Bratkartoffel-Blutwurst-Pfanne 11
- Bratkartoffel-Kraut-Pfanne 10
- Kartoffel-Paprika-Tortilla 12
- Kartoffel-Zwiebel-Frittata (Variante) 12
- Pfannen-Niçoise 8
- Schnelles Szegediner 44

Kichererbsenpfanne mit Lamm 36
Kräuter-Käse-Frittata 30
Kürbis-Gnocchi mit Ricotta 14
Kürbis-Kartoffel-Rösti 26

L

Lauch
- Brezengröstl mit Wurzelgemüse 24
- Bulgurpfanne mit Schinken 20
- Gemüsepolenta mit Käse 21
- Schweinefleisch-Gemüse-Pfanne 53

Linsen-Rosenkohl-Pfanne 33

M

Mangold
- Fischpfanne mit buntem Gemüse 54
- Kalbfleisch-Gemüse-Pfanne 45

Möhre
- Bohnen-Chili-Pfanne 37
- Brezengröstl mit Wurzelgemüse 24

Fischpfanne mit buntem Gemüse 54
Gebratener Couscous mit Gemüse 25
Rinderragout mit Orange 46
Tofu-Gemüse-Curry 32

N/P

Nudelpfanne mit Lammhack 48
Nudelpfanne sizilianisch 18
Paella mit Huhn und Garnelen 40
Paprika
Bunte Gemüsepfanne mit Knusperbrot 22
Paprika-Hackbällchen-Pfanne 42
Pfannen-Niçoise 8
Schweinefleisch-Gemüse-Pfanne 53
Pfannen-Amatriciana (Variante) 49
Pfannen-Carbonara 49
Pfannen-Niçoise 8
Pfannenspätzle mit Käse 15
Pilze
Gebratener Couscous mit Gemüse 25
Schupfnudel-Pilz-Pfanne 15
Polenta: Gemüsepolenta mit Käse 21

Q/R

Quark: Spargel-Quark-Schmarrn 7
Reis
Paella mit Huhn und Garnelen 40
Zucchini-Zitronen-Risotto 19
Reisnudel-Kohl-Pfanne mit Garnelen 16
Rinderragout mit Orange 46
Rosenkohl: Linsen-Rosenkohl-Pfanne 33
Rote Bete: Borschtsch-Pfanne mit Fischfilet 56

S

Salbei-Tomaten-Gnocchi 14
Sauerkraut: Bratkartoffel-Kraut-Pfanne 10
Schafskäse
Bohnen-Chili-Pfanne 37
Nudelpfanne mit Lammhack 48
Paprika-Hackbällchen-Pfanne 42
Schnelles Szegediner 44
Schupfnudel-Pilz-Pfanne 15
Schupfnudeln mit Zwetschgensauce 64
Schweinefleisch-Gemüse-Pfanne 53
Spargel-Quark-Schmarrn 7
Spätzle: Pfannenspätzle mit Käse 15
Spinat
Kichererbsenpfanne mit Lamm 36
Nudelpfanne mit Lammhack 48
Spitzkohl
Borschtsch-Pfanne mit Fischfilet 56
Reisnudel-Kohl-Pfanne mit Garnelen 16
Schnelles Szegediner 44

T

Tintenfischpfanne mit Knoblauchbrot 58
Tofu-Gemüse-Curry 32
Tofupfanne mit Koriandertomaten 34
Tomaten
Bohnen-Chili-Pfanne 37
Bunte Gemüsepfanne mit Knusperbrot 22
Eier in scharfer Tomatensauce 29
Fischpfanne mit buntem Gemüse 54
Kichererbsenpfanne mit Lamm 36
Nudelpfanne sizilianisch 18
Paella mit Huhn und Garnelen 40
Pfannen-Niçoise 8
Salbei-Tomaten-Gnocchi 14
Tintenfischpfanne mit Knoblauchbrot 58
Tofupfanne mit Koriandertomaten 34
Wurst-Auberginen-Pfanne 39

W/Z

Wurst-Auberginen-Pfanne 39
Zander-Gurken-Pfanne 57
Zucchini
Bunte Gemüsepfanne mit Knusperbrot 22
Zucchini-Zitronen-Risotto 19
Zuckerschoten: Hähnchencurry mit Zuckerschoten 52

Projektleitung: Sigrid Burghard
Lektorat: Katharina Lisson
Korrektorat: Petra Bachmann
Innen- und Umschlaggestaltung: independent Medien-Design, Horst Moser, München
Illustrationen: Maria Baus
Herstellung: Susanne Mühldorfer
Satz: Kösel, Krugzell
Reproduktion: medienprinzen GmbH, München
Druck und Bindung: Schreckhase, Spangenberg
Syndication: www.seasons.agency
Printed in Germany

1. Auflage 2017
ISBN 978-3-8338-5890-1

www.facebook.com/gu.verlag

GRÄFE UND UNZER

Ein Unternehmen der
GANSKE VERLAGSGRUPPE

Die Autorin

Cornelia Schinharl hat ihre Liebe zu kulinarischen Genüssen zum Beruf gemacht und bringt seit vielen Jahren ihren Erfahrungsschatz als Food-Journalistin und Kochbuchautorin zu Papier. Dafür hat sie schon mehrere Auszeichnungen der Gastronomischen Akademie Deutschland und beim World Cookbook Award erhalten. Sie liebt die moderne unkomplizierte Küche und was liegt da näher, als Rezepte für eine Pfanne zu entwickeln? Einfach, schnell und lecker eben!

Die Fotografin

Jana Liebenstein lebt und arbeitet in Melbourne. Ihr Schwerpunkt liegt im Bereich Food, aber auch für People und Travel hat sie ein geschultes Auge. Zusammen mit **Lisa La Barbera** (Foodstyling) und **Suzanne Tipton** (Köchin) schwang sie im Fotostudio die Pfannen.

Bildnachweis

Autorenfoto: privat, Titelfoto: Wolfgang Schardt, Hamburg, alle anderen Fotos: Jana Liebenstein, Melbourne (Australien)

Titelrezept

Paprika-Hackbällchen-Pfanne (S. 42)

QUALITÄTS G|U GARANTIE

Liebe Leserin, lieber Leser,

haben wir Ihre Erwartungen erfüllt? Sind Sie mit diesem Buch zufrieden? Haben Sie weitere Fragen zu diesem Thema? Wir freuen uns auf Ihre Rückmeldung, auf Lob, Kritik und Anregungen, damit wir für Sie immer besser werden können.

GRÄFE UND UNZER Verlag
Leserservice
Postfach 86 03 13
81630 München
E-Mail:
leserservice@graefe-und-unzer.de

Telefon: 00800 / 72 37 33 33*
Telefax: 00800 / 50 12 05 44*
Mo–Do: 9.00 – 17.00 Uhr
Fr: 9.00 – 16.00 Uhr
(gebührenfrei in D, A, CH)*

Ihr GRÄFE UND UNZER Verlag
Der erste Ratgeberverlag – seit 1722.

Umwelthinweis:
Dieses Buch ist auf PEFC-zertifiziertem Papier aus nachhaltiger Waldwirtschaft gedruckt.

Backofenhinweis:
Die Backzeiten können je nach Herd variieren. Die Temperaturangaben im Buch beziehen sich auf Elektroherde mit Ober- und Unterhitze.

DARF'S WAS SÜSSES SEIN?

Für alle, die nach oder statt dem Pikanten etwas Süßes mögen, hier die absoluten Klassiker aus der Pfanne: Beide schmecken entweder als süßes Hauptgericht für 2 oder als Dessert für 4.

KAISERSCHMARRN

Für 2 Personen: 3 Eier trennen. Die Eiweiße mit 1 Prise Salz zu steifem Schnee schlagen. Die Eigelbe mit 125 ml Milch, 1 ½ EL Puderzucker und 125 g Mehl glatt rühren. Den Eischnee unterheben. In der Pfanne 1 EL Butter zerlassen. Den Teig dazugeben und bei mittlerer Hitze ca. 5 Min. backen, bis die Unterseite fest geworden ist. Auf einen Teller stürzen, wieder in die Pfanne gleiten lassen und ca. 2 Min. backen. Mit einem Spatel in Stücke teilen. 1 EL Butter in Stücken und 1 EL Puderzucker dazugeben und alles unter Rühren in ca. 3 Min. goldbraun backen. Mit Puderzucker bestreuen, auf zwei Teller verteilen und sofort servieren.

SCHUPFNUDELN MIT ZWETSCHGENSAUCE

Für 2 Personen: Zuerst die Zwetschgensauce zubereiten. Dafür 250 g Zwetschgen waschen, halbieren, entsteinen und in kleine Würfel schneiden. Mit 2 EL Mandelblättchen oder -stiften und 2 EL flüssigem Honig fein pürieren. Für die Schupfnudeln in der Pfanne 1 EL Butter erhitzen und 400 g Schupfnudeln (aus dem Kühlregal) darin bei mittlerer Hitze unter Rühren leicht braun braten. Noch 1 EL Butter, 1 EL Zucker und 2 EL Mohnsamen dazugeben. Alles 1–2 Min. weiterbraten, bis der Zucker geschmolzen und die Butter leicht braun ist. Die Schupfnudeln mit Puderzucker bestreuen und mit der Zwetschgensauce servieren.